SURPRESA! OLHA QUEM ESTÁ AQUI!

1

UNICÓRNIOS TAMBÉM PRECISAM DORMIR, PARA TER ENERGIA E BRINCAR MAIS NO DIA SEGUINTE.

EM DIAS QUENTES, O UNICÓRNIO ADORA TOMAR SORVETE PARA SE REFRESCAR.

O UNICÓRNIO ADORA FICAR LIMPINHO E CHEIROSO.

4

PRATICANDO ESPORTES, O UNICÓRNIO SE DIVERTE E SE EXERCITA AO MESMO TEMPO.

O UNICÓRNIO ADORA CELEBRAR A VIDA!

EM SUA NAVE, O UNICÓRNIO EXPLORA O ESPAÇO E CONHECE OS ASTROS.

DEPOIS DE BRINCAR, O UNICÓRNIO GUARDA TODOS OS BRINQUEDOS.

EM DIAS ENSOLARADOS, O UNICÓRNIO FICA AINDA MAIS FELIZ.

O UNICÓRNIO SABE QUE ALIMENTOS SAUDÁVEIS PODEM TAMBÉM SER MUITO SABOROSOS.

O UNICÓRNIO TAMBÉM SABE QUE DE VEZ EM QUANDO UM DOCINHO NÃO FAZ MAL.

PULAR CORDA AO AR LIVRE É UMA DAS ATIVIDADES PREFERIDAS DO UNICÓRNIO.

12

O UNICÓRNIO APROVEITA TODAS AS CHANCES DE BRINCAR.

TER AMIGOS DIFERENTES TRAZ SEMPRE UM APRENDIZADO NOVO.

O UNICÓRNIO DISTRIBUI AMOR A TODOS!

NO REINO MÁGICO DOS UNICÓRNIOS, TUDO É POSSÍVEL.